CONGRÈS DES SOCIÉTÉS SAVANTES

DISCOURS

PRONONCÉ

À LA SÉANCE GÉNÉRALE DU CONGRÈS

LE SAMEDI 5 AVRIL 1902

PAR

M. VIDAL DE LA BLACHE

VICE-PRÉSIDENT DE LA SECTION DE GÉOGRAPHIE HISTORIQUE ET DESCRIPTIVE
DU COMITÉ DES TRAVAUX HISTORIQUES ET SCIENTIFIQUES

PARIS

IMPRIMERIE NATIONALE

MDCCCII

DISCOURS

PRONONCÉ

À LA SÉANCE GÉNÉRALE DU CONGRÈS

LE SAMEDI 5 AVRIL 1902

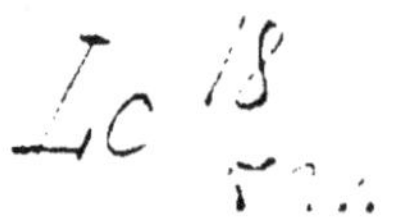

DISCOURS

PRONONCÉ

À LA SÉANCE GÉNÉRALE DU CONGRÈS

LE SAMEDI 5 AVRIL 1902

PAR

M. VIDAL DE LA BLACHE

VICE-PRÉSIDENT DE LA SECTION DE GÉOGRAPHIE HISTORIQUE ET DESCRIPTIVE
DU COMITÉ DES TRAVAUX HISTORIQUES ET SCIENTIFIQUES

PARIS

IMPRIMERIE NATIONALE

MDCCCCII

DISCOURS DE M. VIDAL DE LA BLACHE.

ROUTES ET CHEMINS DE L'ANCIENNE FRANCE.

Messieurs,

On est souvent porté à regretter, quand on essaye de pénétrer dans le passé de la France, que nous ne possédions pas sur elle un plus grand nombre de ce genre de documents qu'on appelle des Itinéraires, ancêtres plus ou moins lointains de nos Guides du voyageur. Ce sont des livres que leur objet pratique force à être précis, et qui, lorsqu'ils consentent à n'être pas trop secs, sont fertiles en renseignements instructifs. Il nous en a bien été conservé quelques-uns, mais pas assez au gré de notre curiosité. Combien il serait intéressant de suivre le pèlerin sur la route où, de sanctuaires en sanctuaires, de reliques en reliques, s'exalte chemin faisant sa piété, en attendant qu'il parvienne au but final de sa dévotion ! Le marchand nous entretiendrait, à la manière de Balducci Pegolotti, des usages des pays qu'il fréquente, des dangers, des précautions à prendre pour assurer sa sécurité. On suivrait volontiers le curieux à l'affût des « singularités », monuments, curiosités naturelles qui, en France, s'offrent en grand nombre sur la route. Ce serait un jour précieux sur un côté de la vie d'autrefois, celui-là même que nos habitudes nous rendent le plus malaisé à comprendre : les modes de voyages ; les mobiles divers qui, suivant les temps et les lieux, poussent les hommes à sortir de leur horizon ; l'esprit qui les inspire dans l'observation du monde extérieur.

Sous le nom de *Gaule* ou de *France,* notre pays a toujours été une contrée de grande circulation. Un fait qui ne manque pas de signification, à cet égard, est que la Gaule avait sa mesure itinéraire propre, la *lieue*, qui tint bon, même devant le *mille* romain. Rappellerons-nous cette impression d'un écrivain grec, qui nous peint les habitants s'assemblant sur les routes, aux aguets pour apprendre et se communiquer les nouvelles ? Il est permis de croire que les qualités de curiosité et de sociabilité dont nos ancêtres faisaient preuve se liaient à des habitudes qui n'étaient pas elles-mêmes sans rapport avec les conditions géographiques de la contrée. Telle est, en substance, l'idée que je voudrais proposer aux réflexions du savant auditoire devant lequel m'est échu le périlleux honneur de parler.

Il y avait — c'est ce qu'il importe de constater d'abord — de grandes voies traversant la contrée d'une extrémité à l'autre.

Si l'on combine avec les renseignements fournis par les guides ou itinéraires ce qu'on peut tirer de textes non moins dignes de foi, on distingue bien quelles étaient les principales directions suivant lesquelles circulaient à travers la France des courants de vie générale. Elles sont conformes aux lignes fondamentales de structure de la contrée. Elles n'ont guère varié dans le cours des siècles.

L'une de ces voies est celle qui, de la Méditerranée ou des Alpes, se dirige vers la Champagne et la mer du Nord. C'est la voie commerciale par excellence. Dès que brille sur notre pays un premier rayon d'histoire, nous voyons par la vallée du Rhône et de la Saône s'acheminer des marchands, s'organiser des corps de bateliers et des services de roulage, se percevoir des péages et, conséquence naturelle, éclater des disputes. Des foires fameuses s'échelonnent sur cette voie de transit : elles s'installent à Beaucaire, sur les prairies au bord du Rhône, au débouché du Languedoc ; elles commencent la fortune de Lyon ; elles animent les villes riveraines de la Saône. On connaît, enfin, ces célèbres rendez-vous de Troyes, Arcis-sur-Aube, Provins, Lagny, où se tinrent, aux xiie et xiiie siècles, les principales assises du commerce de l'Europe.

Mais Paris exerce à son tour une attraction qui va croissant. Au nord de la ville, par les plaines découvertes qui semblent s'étendre sans fin et qui permettent d'éviter le plus possible le voisinage suspect des forêts, court la route des Flandres. Elle se dirige par Crépy-en-Valois, Roye, Péronne, Bapaume. C'est une voie politique autant que commerciale. Par là circule le courant très intense qui, au xive siècle, unit de près les turbulentes communes flamandes à la « bonne ville » de nos rois.

Vers le Sud-Ouest s'offre un autre aspect du passé. Tours, Poitiers, Saintes, Blaye sont les étapes d'une sorte de voie sacrée. Le long de cette route se succèdent les plus anciens sanctuaires des Gaules : Saint-Martin, Saint-Hilaire, Saint-Eutrope. C'est l'itinéraire que suivent les pèlerins qui vont à Saint-Jacques-de-Compostelle, « le chemin de Saint-Jacques », ainsi que se nomme encore le tronçon de Poitiers à Saintes. Nous avons l'avantage de posséder sur cette route un guide développé, rédigé sans doute au xiie siècle. Comme c'est un Poitevin qui l'a écrit, on y assiste à l'impression de surprise qu'un Français de langue d'oïl éprouvait à cette époque après avoir passé la Gironde. Déjà, en Saintonge, le dialecte lui paraît avoir « quelque chose de rustique »; à Bordeaux, le changement est bien plus sensible. Mais il trouve des épithètes de choix pour apprécier « le pain blanc » et « le vin rouge » de la terre gasconne.

On comprend, en lisant de tels écrits et en voyant ce flot régulier qui amenait sans cesse le long des mêmes routes des voyageurs hantés par les mêmes imaginations, comment certains noms fameux s'y localisèrent : ceux de Charles Martel, de Charlemagne, de Roland. La route était semée de leurs vestiges. Leur souvenir se matérialisait dans tel objet ou telle relique. Ainsi se composait une sorte de géographie légendaire dont les merveilles, répétées de bouche en bouche, se répandaient au loin. Avait-elle pénétré ainsi jusqu'à Domrémy sur les bords de la Meuse? Toujours est-il qu'entre Tours et Poitiers se trouvait le sanctuaire de Sainte-Catherine où Jeanne d'Arc fit chercher l'épée de Charles Martel.

On se plaît donc à évoquer sur ces vieilles routes les sentiments de ceux qui les parcouraient. Elles se personnifient ainsi dans notre esprit. Sur elles plane une traînée de souvenirs qui vont, il est vrai, s'effaçant, qui n'existeront bientôt plus peut-être que dans l'âme des historiens archéologues, dans l'écho mourant de quelque tradition populaire. Pourtant, de ce passé qui s'oublie trop vite, les routes sont un des restes les plus vivaces. Même quand elles ont fait leur temps et que l'herbe les envahit, leur nom subsiste sous l'une des diverses étiquettes dont les a désignées l'imagination populaire. Elles continuent à servir de limites entre propriétés ou communes; et c'est dans ces fonctions infimes que, comme une grandeur déchue, elles prolongent obscurément leur existence à travers la topographie actuelle.

Mais en dehors de ces chemins de peuples, de ces grandes voies historiques dont nous venons d'esquisser quelques traits, il restait la plus grande partie du territoire de la France. C'est la minorité des pays de France qui voyait passer des troupes de pèlerins, messagers, marchands. Quelle était la condition de ceux que leur situation tenait à l'écart des grands courants de circulation générale? Comment participaient-ils au mouvement et à la vie?

Ce qui nous frappe aujourd'hui, lorsque à l'aide de textes ou d'anciennes cartes on parvient à peu près à reconstituer la physionomie passée de nos vieux pays, c'est combien sur la plupart s'accuse fortement l'empreinte locale. Nos yeux habitués désormais à l'uniformité générale qui finit par ne plus nous offenser ni nous surprendre, y rencontrent dans tous les usages de la vie l'expression d'un milieu spécial. Point de maison en pierre là où la pierre à bâtir ne se trouve pas sur place; la maison ne montre que trop souvent dans la rudesse informe de son type son asservissement aux matériaux du sol. Mobilier, linge, vêtements, sans parler de la coiffure des femmes, ce dernier vestige d'originalité dont la disparition marque la fin des anciens usages, tout porte le cachet du pays. Partout s'exprime la préoccupation de produire sur place tout ce qui est nécessaire, dût-on s'opiniâtrer contre la nature. Sans doute le paysan ne demande qu'à pratiquer des brèches dans les lignes de forêts qui primitivement encadraient presque partout son horizon; mais néanmoins, même après les défrichements du xiie siècle, les lambeaux en sont assez étendus pour qu'ils semblent l'isoler du monde extérieur.

On se demande alors comment, lorsque l'influence du monde extérieur semble absente des objets, elle pouvait se faire jour dans les esprits. Ou peut-être n'y pénétrait-elle que sous la forme de notion vague, n'éveillant qu'indifférence ou hostilité? Ce sentiment qu'il existe autour de nous, loin de nous, des populations avec lesquelles nous avons des intérêts communs, dont les besoins sont liés aux nôtres et dont les dangers peuvent nous atteindre, n'est pas de ceux qu'il est facile de faire germer dans l'esprit des hommes, quand la nature ne lui a pas frayé la voie. Il résiste à la contrainte. Il ne peut résulter que d'expériences multiples et familières qui, sans efforts et presque sans que nous en ayons conscience, l'accréditent et l'enracinent.

On s'exposerait certainement à dénaturer la vérité si, dans l'idée qu'on se fait de l'ancienne France, on ne tenait pas le plus grand compte de la force avec laquelle le milieu local retenait les habitants. Mais il ne serait pas moins erroné de s'imaginer ces populations comme figées dans leurs cadres. Il y a dans le sol de la France une multitude d'impulsions naturelles stimulant les rapports entre les hommes. Les textes là-dessus ne sont pas directement d'un grand secours; mais, si l'on a égard aux témoignages tirés de la vie même et surtout à celui qui enveloppe tous les autres, le *témoignage des lieux*, un spectacle animé se découvre. Une foule de courants locaux coexistent avec les courants généraux dont il était question tout à l'heure. C'est ainsi que dans un fleuve on voit des remous, des tourbillons et des mouvements en sens divers s'entrecroiser et se combiner avec le courant qui entraîne la masse.

Les transports, il est vrai, rencontraient des difficultés, dont s'accommoderaient mal nos habitudes modernes. Mais les hommes se mobilisent plus tôt et plus aisément que les choses. L'homme est de sa nature un être imaginatif, que la charrue elle-même n'attache pas immuablement au sol. La joie que les pasteurs éprouvent à se déplacer, les montagnards à regagner en été les hauts pâturages, le paysan l'éprouve à sa manière, à fréquenter foires, marchés, rendez-vous périodiques offerts à ses besoins de sociabilité et de commerce.

Encore même convient-il de rectifier en ceci notre point de perspective. Les moyens de transport dont nous a dotés la vie moderne nous rendent trop dédaigneux envers ceux dont savait se contenter autrefois la circulation. Pour comprendre le passé, il faut observer les pays où il se maintient encore ; les montagnes, par exemple, dernier refuge où subsistent les vestiges d'archaïsme auquel notre temps a été partout ailleurs mortel. On y peut juger des services que rendaient les modestes chemins d'autrefois. Sans doute de belles routes carrossables traversent nos Alpes et nos Pyrénées ; mais, dans les mailles passablement espacées de ce réseau, quel rôle continuent à jouer, pour les déplacements fréquents qu'exige la vie montagnarde, ces nombreux sentiers muletiers, que ne rebute aucune pente, qui hardiment couronnent les hauteurs et parfois bordent les précipices ! Entre les villages perdus vers la limite des cultures, entre ces cultures et les pâturages voisins des cimes, ce sont eux qui assurent les communications ;

et si grimpants et raboteux qu'ils paraissent à nos pieds de citadins, on ne peut les gravir sans éprouver quelque sentiment d'admiration pour l'industrie de ces montagnards qui, par euxmêmes, ont su créer à leur usage ce multiple réseau.

Ce n'était guère des chemins plus aisés que ceux qui sillonnaient nos pays schisteux ou granitiques de l'Ouest et du Centre.
Dans ces sentiers creux ou *cavées*, bordées d'arbres, hérissées de
chirons ou saillies pierreuses, effondrées par des ornières où l'on
risque de « s'emmoller », suivant la vieille expression de l'Ouest, il
fallait pourtant bien que passât la bête de somme qui portait la
charge de chaux ou de terreau destinée à amender le sol trop
pauvre ! Les pistes herbeuses et gluantes des terrains d'argile, les
chemins fangeux des limons de Picardie ou du Lauraguais languedocien, telles étaient, entre autres, les difficultés avec lesquelles
avaient à se débattre les opérations quasi-quotidiennes de la vie
agricole, et qui ne la rebutaient point.

Cependant, outre la fréquentation ordinaire, ces chemins s'animaient périodiquement par le va-et-vient de ceux que les nécessités de la vie attiraient, chaque année, d'un pays à l'autre. Le but,
naturellement, était les « bons pays », où la moisson, la vendange
offraient aux habitants des contrées de sol pauvre ou tardif (Bocains, Morvandiaux, gens de la Vôge, de l'Argonne ou de la Thiérache) une occasion de salaires et de profits. Le mois d'août ramenait
donc régulièrement ces *aouteurs* ou *ousterons*. Et ils regagnaient
ensuite, tout « gaillards », dit un poète rustique du xvi° siècle,
leurs terres froides, où les récoltes avaient eu le temps d'attendre.
Les heureux habitants des bons pays voyaient arriver périodiquement les pauvres hères des « pays bocageux ». Cela leur faisait l'effet
d'une sorte d'hommage. Ils s'affermissaient par ce contraste dans
le sentiment de supériorité satisfaite de l'homme qui vit, sans rien
emprunter à autrui, d'un sol capable de suffire à tous ses besoins.
Ce sentiment s'incrustait dans la psychologie du paysan. Que

quelque expression goguenarde vint, au surplus, à ses lèvres, cela était dans l'ordre ; les dictons pleuvaient entre ces anciens pays de France. Quand le Tourangeau Rabelais veut peindre le dénuement de Panurge, il trouve dans le sac d'expressions populaires, où il puise si volontiers, la comparaison expressive qu'il lui faut : « Tant mal en ordre » dit-il « . . . que ressemblait un cueilleur de pommes du pays du Perche. »

Beaucoup de ces déplacements se produisent encore, mais adaptés aux nouveaux modes de transport, noyés, pour ainsi dire, dans les courants généraux qui mêlent ensemble aujourd'hui et brassent toutes nos populations. Il y a une différence essentielle entre les phénomènes actuels et ces mouvements d'autrefois : ceux-ci, plus individuels dans leur façon d'agir, intimement associés, à titre de supplément et d'appoint, aux occupations ordinaires de la vie, posant nettement en saillie la personnalité de ceux qu'ils mettaient en rapport. Ils n'étaient pas de ceux qu'on pût accuser de détruire les attaches avec le sol ; car, au contraire, ils ne tendaient qu'à les consolider en se combinant avec la manière de vivre locale. Lorsque le montagnard des Vosges avait occupé la morte-saison à tisser des pièces de toile, soit avec du chanvre acheté, soit avec celui qu'il avait pu cultiver dans un coin particulièrement soigné de bonne terre, il attendait qu'un rayon de soleil lui permît de les étaler sur les prés et de les blanchir à l'eau courante : alors il prenait la route de la plaine pour tirer profit du travail auquel avait collaboré la maisonnée. Il tient à nous de nous représenter la scène, sous les arcades de ces halles couvertes comme on en voit dans certaines petites villes lorraines au pied des Vosges.

Des déplacements à plus longue distance partaient des pays d'élevage et de bétail. Les obstacles ici ne comptaient guère, la marchandise étant de celles qui se transportent elles-mêmes. Sur les flancs des Alpes de Provence, des Cévennes, des Pyrénées, subsistent encore les pistes qu'a imprimées le piétinement des troupeaux de moutons transhumants. « Il fallait voir » dit le poète de Mireille « cette multitude se développer dans le chemin pierreux *s'esperlunga dins la prirado !* » Ces voies ont conservé les vieux noms qui servaient à les désigner, *drailles*, chemins de *ramade*. Vos travaux, Messieurs, ont servi à faire connaître ces *passeries* périodiques qui, par les contrats auxquels elles donnaient lieu, n'ont pas peu contribué à mettre en rapport les différents cantons de ces montagnes.

Mais des relations plus importantes, parce qu'elles répondaient plus manifestement à des besoins réciproques, étaient celles qui s'échangeaient entre le massif central et les plaines qui le bordent au Sud et à l'Ouest. L'Auvergne élève des races de bœufs; le Languedoc, le Poitou ont besoin de bœufs pour leurs labourages. Régulièrement ainsi, vers octobre, arrivaient, des pâturages de Salers sur les bords de la Charente, les bestiaux que réclamait, sans pouvoir les produire sur ses secs plateaux calcaires, l'agriculture poitevine. Des foires étaient organisées pour correspondre à ces « passages » d'Auvergnats. Ce n'était même pas toujours une ville ou un village qui servaient de rendez-vous à ces transactions. Un pont, un carrefour de routes, quelque endroit désigné et fixé par la tradition, réunissait au jour dit vendeurs et acheteurs. Cela explique la raison d'être d'un certain nombre de lieux-dits qui, sans être habités, subsistent dans la nomenclature géographique. Vides à l'ordinaire, ils s'animent quand vient la date connue et attendue à la ronde. Il y a là sans doute, pour les personnes que touche l'étude des divers phénomènes de groupement humain, un sujet de curiosité et de recherches. Il semble qu'on retrouve dans ces fréquentations intermittentes quelque chose d'analogue à certains *pardons* de la Bretagne ou *panégyries* de la Grèce. En tout cas, l'intérêt qu'il y aurait à recueillir ce genre de lieux-dits mérite d'être signalé à l'attention des hommes d'étude.

Les montagnes et les pays de sol pauvre fournissaient leurs principaux contingents à l'armée ambulante qui sillonnait les routes de notre pays. L'exercice spécial de quelque métier était une ressource dont on allait se prévaloir dans les diverses contrées où ce talent pouvait trouver son emploi. Plus d'une localité conserve encore dans un attribut incorporé à son nom le souvenir du métier qui était jadis comme sa signature. Du Jura partaient des rouliers renommés pour leur adresse ou leur force; du Morvan, des charretiers « allaient en galvache » vers les forges du Nivernais; des muletiers au costume pittoresque descendaient du Vivarais vers la vallée du Rhône. Que sais-je encore? Le Bugey envoyait des peigneurs de chanvre; le Livradois, des scieurs de long; le Bassigny, des fondeurs de métaux; le Bocage normand, des étameurs, etc. Ils se répandaient fort loin; et c'est ainsi que le nom de plusieurs de nos provinces, colporté par eux, s'associait chez ceux qu'ils favorisaient de leurs visites à l'idée d'un métier caractéristique. On aurait tort de demander une rigoureuse exactitude géographique à ces noms d'Auvergnats, Savoyards, Lorrains, Gascons, que prodigue un peu au hasard le populaire; ils désignent pour lui la provenance approximative de ceux que leur métier amenait périodiquement d'un bout du royaume à l'autre. Mais ce sont des noms bien vivants, auxquels s'attache une signification qu'on peut trouver plus ou moins charitable et bienveillante, mais qui montre qu'ils parlaient à l'esprit. On peut en dire autant, dans un cercle moins étendu, des dictons, sobriquets, proverbes sans nombre qui s'échangent entre villes, villages ou pays. Les descriptions géographiques de France qui furent notamment composées vers le commencement du xviie siècle sont émaillées de proverbes de ce genre. Sans attacher plus d'importance qu'elle ne mérite à ce qu'on appelle la sagesse des nations, il est permis d'y voir l'indice d'une familiarité avancée entre ceux qui avaient l'habitude de se décocher ces traits.

Tous ces faits nous transportent dans un milieu économique qui a vécu, qui a disparu emporté par les transformations modernes, et qui appartient définitivement au passé. Mais leur trace s'est imprimée sur les relations; le pli est resté sur le caractère des hommes. Si l'on se borne, comme il convient ici, à en résumer les traits généraux, on constate une foule de rapports de détail, nés d'impulsions multiples, produites elles-mêmes par des contrastes géographiques. On voit une circulation menue, qui ne se concentre pas dans quelques voies principales, mais qui pénètre, s'insinue de toutes parts. Avec tous les minces fils dont sûrement beaucoup échappent, s'est formée une trame qui enveloppe à peu près l'ensemble de la contrée. Ces tournées, ces migrations temporaires font l'effet du va-et-vient d'une vaste fourmilière. Mais, chose à noter, tous ces mouvements élémentaires rentraient dans les cadres d'une vie tout imprégnée encore d'influences locales, contre laquelle ne pouvait encore lutter que faiblement l'action des villes. Le pays, au sens étroit du mot, restait toujours, même pour ceux qui s'en éloignaient, l'unité essentielle, le terme de comparaison d'après lequel ils jugeaient les autres. La conception des formes particulières de richesse et de gain qu'ils y avaient puisée les suivait dans les endroits où ils se transportaient. L'importance des événements se mesurait pour eux au degré de trouble apporté dans les habitudes. Cette circulation active se détachant sur un fond resté très local n'est pas une des moindres originalités de la France de jadis.

Sans doute, en retraçant ce tableau, il ne faut pas oublier qu'il ne peut convenir qu'aux époques paisibles et heureuses; et notre histoire, on le sait, en a connu d'autres! Plus d'une fois Jacques Bonhomme a dû fuir les routes livrées aux bandes armées. Nous ne devons pas non plus méconnaître qu'il y avait des parties reculées de notre territoire que n'atteignait pas ou qu'atteignait peu le mouvement extérieur. De quelques-unes on peut dire encore qu'à peine sont-elles sorties de leur isolement. Dans un mélancolique horizon de landes et de bois, leurs populations étaient restées cantonnées, vivant comme elles pouvaient, chichement; réduites souvent, pour subvenir aux nécessités de l'existence, à entretenir des étangs, misérable ressource qu'elles payaient de la fièvre. Aujourd'hui, les cultures ont pu s'y améliorer, les maisons prendre un aspect moins pauvre : on retrouve encore le passé çà et là, à certains vestiges, ne fût-ce qu'à je ne sais quel air de méfiance invétérée empreint sur la physionomie des habitants.

Toutefois, quelques restrictions qu'exige la vérité, elles ne modifient pas l'impression d'ensemble. La France est une contrée dont les parties sont naturellement en rapport, dont les habitants ont appris de bonne heure à se fréquenter et à se connaître. Et si des relations aisées se sont formées entre eux, c'est que les conditions géographiques l'ont non seulement permis, mais provoqué. Une répartition harmonieuse de plaines autour d'un massif, une heureuse combinaison de rivières et de passages : voilà des avantages qui ont été signalés dès que des observations ont été faites sur notre pays. Mais il en est d'autres qui, pressentis plutôt que connus, n'en ont pas moins exercé leur action sur les générations qui se sont succédé. Par l'effet des nombreuses vicissitudes qui ont marqué son évolution géologique, cette contrée offre une variété de terrains qui est bien rare. Nos plaines se déroulent, des Vosges à la mer, par zones concentriques dont chacune apporte, avec sa constitution propre, une note nouvelle dans le paysage. En une longue contiguïté, des terrains pourvus de propriétés différentes, convenant à d'autres occupations et à d'autres répartitions de travail, se touchent, se rapprochent, se combinent.

Puis, il y a ces vallées, dans lesquelles Karl Ritter signalait déjà un des plus heureux privilèges de notre pays. A travers cette succession de terrains variés, nos rivières ont, en général, assez profondément buriné leur lit, pour que les tranches de leurs bords, les sinuosités de leurs méandres, les alluvions de leur lit aient donné asile à des cultures et, peut-on dire, à une vie différente de celle des plateaux qui les encadrent.

Ainsi partout des contrastes atténués, mais vivants. Cette juxta-position suivie et répétée de pays divers, plaines et montagnes, campagnes et bocages, plateaux et vallées, paraît ici comme un remarquable principe d'influence sur l'homme. Presque partout il a pu voir à sa portée un genre de vie qui n'était pas tout à fait le sien. Il a tiré de ce voisinage une leçon et un profit. Il a trouvé près de lui ce que d'autres sont contraints d'aller chercher au loin, sans la même certitude, avec plus de risques.

Nous avons aujourd'hui sur nos ancêtres l'avantage de connaître scientifiquement ce qu'ils ne pouvaient percevoir que d'une façon incomplète et empirique. Le relief et le modelé du sol, la confor-mation géologique, étudiés et figurés sur des cartes à grande échelle, nous donnent la clef de bien des rapports dont on sentait les effets sans en percevoir les causes. Nous tenons enfin ce que Fontenelle définissait, en 1720, en une périphrase singulière : « Des espèces de cartes géographiques dressées selon toutes les ma-nières de coquillages enfouis en terre. » La chimie agricole a fondé ses méthodes, et cela, par une heureuse coïncidence, en même temps que la transformation des moyens de transport affranchissait le sol de la nécessité de se soumettre à des cultures qui lui conve-naient peu. On peut dire de ces progrès qu'ils n'ont que mieux mis en lumière l'avantage que la France tire de la remarquable variété de son sol, avantage qui, si elle sait l'utiliser scientifique-ment, sera son principal enjeu dans la concurrence économique qui s'est allumée de nos jours. Ils nous ont confirmés dans la conscience de cette vérité : qu'il y a quelque chose de sain et d'équilibré dans la constitution géographique de la France.

Il y eut un homme, au xvi⁰ siècle, qui semble avoir eu l'intui-tion de ces résultats futurs, et qui vit clair, le premier, dans les variétés du sol français. Ce n'était pas un savant de profession; il n'était, dit-il, « ne grec, ne latin » : c'était un potier, un « inventeur de rustiques figulines »; mais il y avait chez cet artisan un philosophe et un artiste. Parmi les questions qui ont passionné la curiosité de Bernard Palissy, une de celles à laquelle il attacha le plus d'importance, c'est, suivant son expression, « la différence des terres et leurs divers effets. » — « Je ne l'ai pas connue » écrivait-il « sans grands frais et labeurs. » On voit effectivement, d'après les exemples qui figurent dans ses traités spéciaux, que c'est par des enquêtes personnelles dans les contrées où il a résidé, c'est-à-dire en Saintonge, en Gascogne, en Poitou, dans l'Île-de-France, dans les Ardennes et le pays de la Meuse, qu'il a recueilli ses observations. Partout ses voyages et ses séjours se traduisent par des remarques topiques, dans lesquelles le sentiment de la vie sert de guide à la divination de la vérité. En songeant à ses découvertes et aux conséquences pratiques dont il les savait grosses, l'infatigable chercheur regrettait, vers la fin de sa vie, de ne pouvoir les étendre à d'autres provinces. « Si mon estat » disait-il « se pouvoit exercer en pérégrinant de part et d'autre, je pourrois donner plusieurs avertissements de ces choses, qui serviroient beaucoup à la République. »

Je terminerai volontiers cette causerie sur ces mots de Bernard Palissy. Ils montrent quel prix ce grand homme attachait à l'observation directe, prise sur le vif et s'exerçant sur les lieux. Ce mode d'observation a son emploi dans l'étude du passé. Peut-être, en considération de cette idée, me pardonnerez-vous, Messieurs, de vous avoir entraînés un peu longuement sur les grands et petits chemins de l'ancienne France. Comme tous ceux qui ont beaucoup vu, ces chemins ont beaucoup à raconter. Quelques-uns disent, à leur manière, notre histoire. Tous contribuent à nous représenter un aspect vivant du passé.

Imprimerie nationale. — Mai 1902.